Kochen mit Cocolino

KOCHEN MIT COCOLINO

Ein Kinder·Bilder·Kochbuch von Oski & Oski

Hallwag Verlag Bern und Stuttgart

Dieses Buch gehört:

....

2. Auflage, 1996
© 1995 Hallwag AG, Bern
Lektorat: Eva Meyer
Fotolithos und Druck: Hallwag AG, Bern
Bindung: Grollimund AG, Reinach
ISBN 3-444-10450-2

Hallwag

PICKI-NICKI
Cocolinos Spaßvogel ist zwar die krächzendste Nervensäge weit und breit, aber manchmal auch Gold wert.

COCOLINO
Cocolino ist ein Meisterkoch und ein großer Kinderfreund. Er weiß viel über die Gaben der Natur zu erzählen und was man alles daraus machen kann. Nur über sein linkes blindes Auge spricht er nie. Dieses verdeckt er kunstvoll mit einer selbst entworfenen Klappe. Oft kann man Cocolino singen hören. Wenn er mit seiner rauchigen Stimme einige Takte eines bekannten Liedes in die Küche schmettert, glänzt sein grünes Auge, und das Gelb seiner Spiegelei-Klappe leuchtet warm wie die Sonne.

POMO
möchte einmal so gut kochen können wie sein Freund Cocolino. Er hat oft Durst und ist verrückt nach Oliven. Nach den milden, scharfen, schwarzen und grünen. Warum denn? Einfach, weil sie so mmmh... olivig schmecken!

DORA
ist Pomos Schwester. Sie schreibt Cocolinos Kochideen in ein hübsches Rezeptheft. Dora ißt fast alle Speisen gerne. Nur Oliven mag sie überhaupt nicht. Warum denn? Einfach, weil diese so brrrh... olivig schmecken!

Das ist Cocolinos Restaurant. Viele Gäste gehen hier ein und aus. Sie kommen vor allem, weil Cocolino so gut kocht, aber auch, weil sie von dem einmaligen Baumhaus begeistert sind und sich darin wohl fühlen.

Pomo und Dora dürfen ihre Ferien hier verbringen. Auf die 14 Tage bei ihrem großen Freund freuen sie sich schon seit langem. Denn bei Cocolino macht das Kochenlernen richtig Spaß.

Ein Blick hinter die Kulissen

Die beiden Ferienkinder richten sich im einfachen, aber sehr hübsch möblierten Gästezimmer ein. Dann führt Cocolino sie durch sein Reich.

Zuoberst in luftiger Höhe befindet sich sein schräges Zimmer mit einer Sammlung von vielen hundert Kochbüchern aus der ganzen Welt. Cocolino ist vorläufig noch Junggeselle und wohnt alleine mit Picki-Nicki.

Dann zeigt er das Restaurant mit seinen schön gedeckten Tischen für die Feinschmecker. Dora bewundert die gemütliche Gaststube, wo man sich trifft, um etwas Kleines zu essen oder zu trinken. Pomo gefällt der tiefe, kühle Keller mit seinen Vorratskammern.

Das Herz des Restaurants ist natürlich die blitzblanke Küche. Cocolino sagt, daß die Küche gescheit eingerichtet sein muß, damit man darin gut arbeiten kann. Auf dem Bild sieht man Herd, Kühlschrank, Abzug, Anrichteplatz und Abwaschbecken.

1. TAG
Kleine Tips vom großen Koch

"Für einen Koch hast du gar keinen grossen Fettbauch!"

"Kochen ist eine saubere Arbeit! Lebensmittel können schnell verderben: durch langes Liegenlassen an der Wärme, durch schmutzige Hände, entzündete oder offene Wunden und schmutzige Verbände!"

In dn Rezpten habe ich einige Wrter abgkürzt:

- L . . . . . Liter
- dl . . . . . Deziliter
- g . . . . . Gramm
- EL . . . . Eßlöffel
- TL . . . . Teelöffel
- Msp . . . 1 Messerspitze (Gewürz oder Salz)

Sehr einfache Rezepte bezeichne ich mit 1 Kochhut.

Diese Rezepte sind ein bißchen schwieriger. Ihr müßt alles gut vorbereiten und das Rezept genau einhalten.

Maße und Angaben genau einhalten. Vielleicht muß Euch Mama oder Papa helfen.

Wie sich Cocolino vorbereitet:
★ Einkaufszettel schreiben
★ Alle Zutaten genau abmessen und bereitstellen.
★ Das benötigte Kochgeschirr aufstellen
★ Das Rezept gut durchlesen und sorgfältig Schritt für Schritt die Kochanleitungen befolgen.

Vor dem Kochen Hände gründlich waschen.

Saubere Küchenschürze umbinden.

Haare zusammenbinden oder eine Kochmütze aufsetzen.

Darauf achten, daß Arbeitsplatz und Geräte sauber sind.

Speisereste zugedeckt oder verpackt kühl und trocken aufbewahren und rasch verwenden.

Holzbrett vor Gebrauch abspülen, ausgenommen für trockene Nahrungsmittel.

Ferien-Müsli

Für 4 Personen		Für 1 Person
5 EL	Haferflocken	1½ EL
10 EL	Milch	3 EL
1 EL	Rosinen	1 TL
1	Zitrone, Saft ausgepreßt	1 EL
2 dl	Joghurt	4 EL
5	Äpfel	2
3	Birnen	½
1-2 EL	Honig oder Zucker	1 TL
3 EL	gemahlene Haselnüsse	1 TL
1 EL	gehackte Walnüsse	1 TL

JE NACH JAHRESZEIT KÖNNT IHR ANDERE FRÜCHTE ODER AUCH BEEREN VERWENDEN.

Mir als Mann gelingt das Eierlegen nur im Traum!

Dreierlei Eier

Habt ihr schon einmal ein Hührnei in euren Pfötchen gehalten, ein weißes oder hellbraunes? Wie fein und samtig fühlt es sich an, und doch ist es hart. Eier sind Wunderwerke der Natur. Das Ei ist der Ursprung des Lebens, es ist aber auch ein wichtiges Nahrungsmittel, aus dem man viele herrliche Gerichte zaubern kann. Auch Cocolino hat als kleiner Knirps bei seiner Mutter die ersten Kochversuche mit Eierspeisen gemacht. Heute schlägt der Meisterkoch vor, daß jeder sein Lieblingsgericht aus garantiert frischen Eiern zubereiten soll. Fein!!!

Spiegelei Pomo

1 Ei
1 kleines Stück Butter

1. Die kleine Pfanne wird auf die heiße Herdplatte gestellt.

2. Die Butter in der Pfanne schmelzen lassen. Ei, wie das zischt!

3. Schlage jetzt das Ei am Tassenrand auf. Nur nicht zu zaghaft!

COCOMIO!!! DAS IST EIN EI UND KEINE KOKOSNUSS!

DENK DRAN: HERDPLATTE AUSSCHALTEN!

4. Rieche, ob das Ei o.k. ist. Eiweiß und Eigelb in die Tasse gleiten lassen und dann sorgfältig in die Pfanne kippen.

5. Wenn das Eiweiß weiß und am Rand leicht braun geworden ist, Pfanne von der heißen Platte nehmen. Mit Hilfe eines Bratwenders

6. das Ei in den Teller gleiten lassen. Mit etwas Salz und Pfeffer bestreuen und mit einem großen Stück Brot essen.

Doras Rührei-ei-ei!

Für 1 Person

2 Eier
2 EL Milch
1 Prise Salz

etwas Butter
feingeschnittene Kräuter,
z.B. Schnittlauch, Petersilie, Dill

1 Schlage Eier, Milch, Salz und Gewürze mit der Gabel in einer Schüssel gut auf.

2 Wenn die Butter in der Bratpfanne geschmolzen ist, leerst Du die Eimasse hinein.

3 Schiebe die Eimasse mit einer Bratschaufel hin und her, bis sie flockig, aber noch leicht feucht ist.

"SCHAU, DASS DIE EIMASSE NOCH DICKFLÜSSIG IST!"

4 Dann sofort auf einem vorgewärmten Teller servieren.

Rührei mit Käse
Unter die Eimasse 2 EL Reibkäse mischen.

Rührei mit Schinken oder Speck

(So hat es Papa am liebsten!)

Zuerst einige Schinken- oder Speckscheiben braten, aus der Pfanne nehmen und das Rührei zubereiten. Dann Schinken oder Speck im Teller unter oder über dem Rührei anrichten.

Omelette
mit Schinken, Pilzen und Kräutern
Cocolinos Eierpfannkuchen für 1 Person

2   Eier
    etwas Butter
1   Eierschalen-Hälfte voll Milch
1   Scheibe Schinken
    Pilze nach Wahl
    Petersilie, Schnittlauch

1   Die Eier schlage ich am Rand einer großen Tasse auf und lasse Eigelb und Eiweiß hineingleiten. Dann gebe ich Milch, Salz und Pfeffer hinzu.

2   Mit einer Gabel schlage ich alles auf, bis sich Eigelb und Eiweiß mit der Milch vermischen. Jetzt füge ich die feingeschnittenen Kräuter bei.

3   Nun erhitze ich ein Butterstückchen in der kleinen Bratpfanne, gebe die Schinkenwürfel und die gut abgetropften Pilze (oder Wurst-rädchen oder gekochtes Gemüse) in die Pfanne und erwärme alles kurz.

4   Ich leere die Eimasse dazu (Hitze reduzieren), rühre mit der Gabel leicht um, schiebe den Pfannku-chen auf einer Pfannenseite zu-sammen und lasse ihn auf den Teller gleiten.

3. TAG

Einladung zum Kostümfest

Cocolino schlägt vor, am nächsten Tag die Kinder der Nachbarn zu einem Kostümfest einzuladen. Picki-Nicki fliegt aus Freude einen perfekten Looping. Auch Pomo und Dora finden diese Idee großartig und schreiben und zeichnen bunte Einladungskarten, die Picki-Nicki mit einem Expreßflug den Nachbarn bringt.

"Was ist eine Party ohne Essen und Trinken?" sagt Cocolino und genießt die gespannten Blicke seiner jungen Freunde.
"Morgen werden wir leckere, lustige, originelle, schöne belegte Brötchen und Sandwichs basteln. Dazu mixen wir uns ein paar Drinks für die trockene Kehle. Kommt, wir wollen gleich damit beginnen und schauen, ob Ihr richtige Meistermixer seid!"

3. TAG

Apfelsaft

MACHT MAL SELBER 1 LITER APFELSAFT!

400 g	gewaschene, ungeschälte Äpfel, in 4-5 mm dicke Spalten geschnitten, Kerne entfernt
1	Zitrone, Saft und Schale
70 g	Zucker
8 dl	Wasser

WIE DAS FEIN DUFTET!

1. Reibt die Apfelspalten fein und leert sie zusammen mit der abgeriebenen Zitronenschale und dem ausgepreßten Zitronensaft in einen Kochtopf.

2. Fügt Zucker und Wasser hinzu und laßt die Äpfel bei schwacher Hitze 15-20 Minuten leicht verkochen.

3. Nun laßt Ihr die Apfelmasse abkühlen und gießt sie dann durch ein Sieb.

4. Den aufgefangenen Apfelsaft bewahrt Ihr bis zum Servieren zugedeckt im Kühlschrank auf. Prost!

Eistee

- 3 Beutel Pfefferminztee oder
- 26 Blättchen frische Pfefferminze
- 1 Beutel Hagebuttentee
- 1 Beutel Lindenblütentee
  (Euer Eistee wird noch besser,
  wenn Ihr, wie Cocolino,
  frisch gepflückte oder selbstgetrocknete
  Kräuter verwendet)
- 3 dl Wasser
- 1 Zitrone
- 2 Orangen
- 2-3 EL Zucker
- 7 dl kaltes Wasser
- 1 Zitrone, in Scheiben geschnitten

1. Die Teebeutel oder Kräuter in einen Krug von 1½ L Inhalt legen.
2. 3 dl Wasser aufkochen, über die Teebeutel oder Kräuter gießen und etwa 5 Minuten ziehen lassen. Durchsieben oder die Beutel oder Kräuter herausnehmen.
3. Zitrone und Orangen mit einem feuchten Tuch reinigen und dann die Schalen in den Tee reiben. Die Früchte halbieren, Saft auspressen und zum Tee geben.
4. Nach Belieben Zucker hinzufügen.
5. Kaltes Wasser dazugießen, den Tee gut umrühren und in den Kühlschrank stellen.
6. Vor dem Servieren an jedes Glas eine Zitronenscheibe stecken.

3. TAG

Früchte- oder Beerenbowle mit Blüteneis

Für 4-5 Personen

500g	frische Früchte oder Beeren	½ L	Mineralwasser mit Kohlensäure
3-4 EL	Zucker	8	Pfefferminzblätter
½ L	Apfel- oder Traubensaft		zum Garnieren

1 Die zerschnittenen Früchte oder die Beeren in eine Schüssel geben und den Zucker darüberstreuen.

2 Jetzt den Apfelsaft dazugießen, die Schüssel zudecken und die Bowle 1 Stunde im Kühlschrank ziehen lassen.

3 Kurz vor dem Servieren mit dem Mineralwasser auffüllen.

WOLLT IHR BLÜTENEIS? DANN MÜSST IHR COCOLINOS KOCH-GEHEIMNIS MINDESTENS EINEN TAG VORHER ENTRÄTSELN!

Cocolinos Koch-Geheimnis Nr. 1

Blüteneis

Gänseblumenblüten in eine Eiswürfelschale verteilen und mit Wasser halb auffüllen. Im Tiefkühlfach während 4 Stunden gefrieren lassen, dann die Schale mit Wasser ganz auffüllen und nochmals gefrieren.

Auch ungespritzte Blütenblätter von Wildrosen oder Fliederblüten kannst Du verwenden.

Kurz vor dem Servieren wird in jedes Glas ein Blüteneiswürfel gelegt.

Euer Cocolino

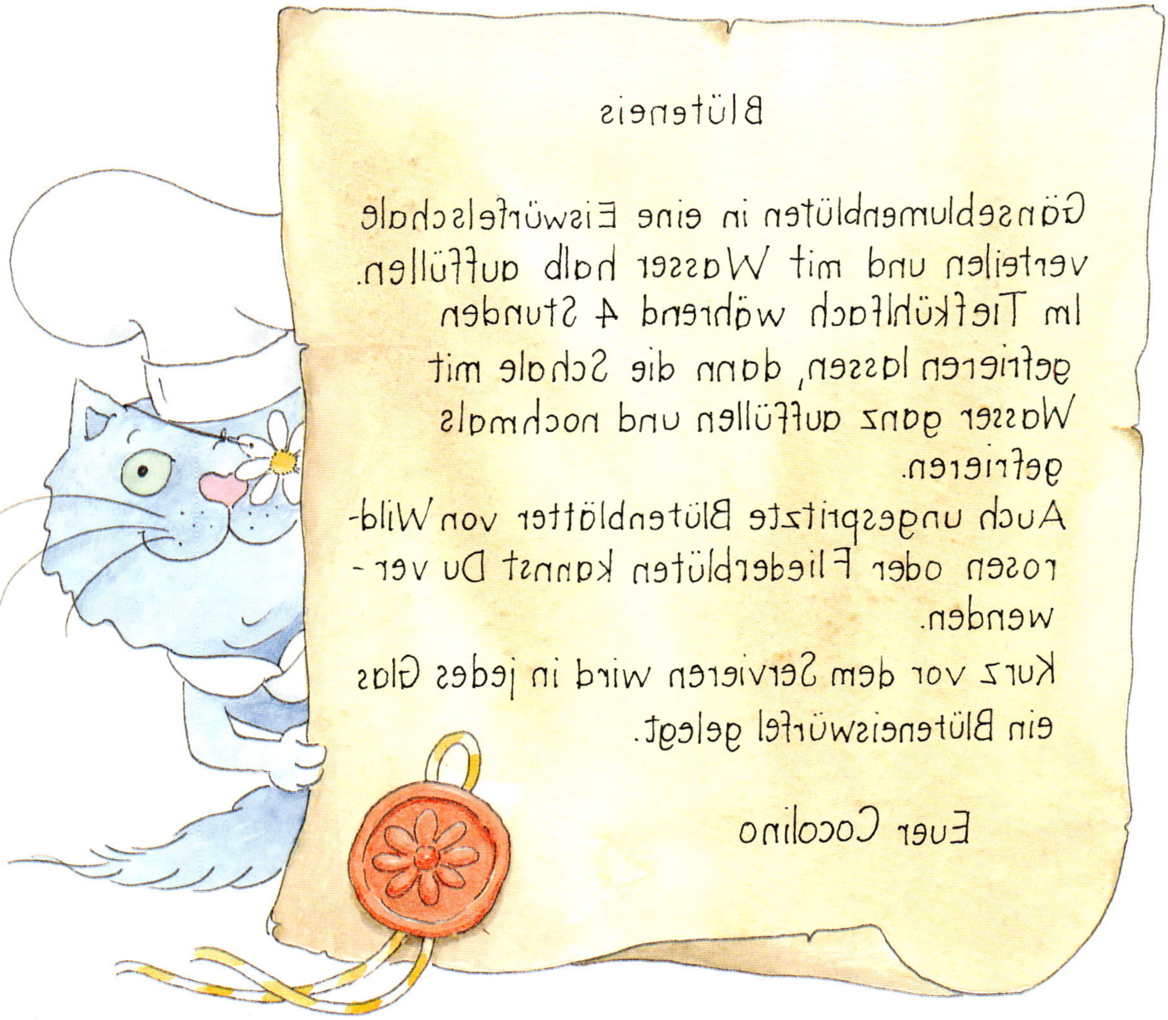

Schreibe hier die Auflösung von Cocolinos Koch-Geheimnis Nr. 1:

Sandwich & Co

Vor mehr als 200 Jahren lebte in England ein Graf namens Earl of Sandwich. Die meisten Stunden seines Lebens verbrachte er in seinem Club beim Kartenspiel. Er spielte so leidenschaftlich, daß es ihm zuwider war, für die Mahlzeiten nach Hause zu gehen.
Er ließ sich daher von seinem Butler belegte Brote bringen, die nicht nur gut schmeckten, sondern ihm beim Essen eine Hand frei ließen, um die Karten zu halten. Seither nennt man die beiden Brotscheiben oder Semmelhälften mit eingeklemmtem Inhalt "Sandwich".

Cocolinos Club-Sandwich

Dazu braucht es:

- 3 Scheiben getoastetes Weißbrot
- 10g Butter
- 2 Kopfsalatblätter
- 3 Tomatenscheiben
- 1 Ei, gekocht und in Scheiben geschnitten
- 2 Scheiben Käse
- 1 Scheibe Schinken

Garnitur:

- 1 Holzspieß
- 2 gefüllte Oliven
- 2 Essiggurkenscheiben
- 1 Tomatenschnitz

1. 2 getoastete Brotscheiben mit Butter bestreichen und mit je 1 Salatblatt belegen.
2. Auf dem ersten Toast Tomaten- und Eischeiben, auf dem zweiten Käse- und Schinkenscheiben verteilen.
3. Die beiden belegten Toasts aufeinanderlegen und mit der dritten Brotscheibe zudecken.
4. Auf den Holzspieß abwechslungsweise Oliven, Gurken und Tomate aufspießen und das Ganze in den Sandwichturm stecken.

Party-Pizza "O Sole Mio"

Für 1 Person braucht es:

1	halbierte Semmel oder
2	Weißbrotscheiben
20g	Butter
4	Scheiben Salami oder
4	halbe Scheiben Schinken
4	Tomatenscheiben
4	dünne Scheiben Mozzarella oder
40g	geriebener Parmesan
4	Sardellenfilets (auf Wunsch)
2	gefüllte Oliven, in Scheiben geschnitten
	Oregano
	Pfeffer aus der Mühle

1 Den Backofen auf 225 Grad einschalten.
2 Die Semmelhälften oder Weißbrotscheiben mit Butter bestreichen.
3 Salami oder Schinken, danach die Tomatenscheiben und zuletzt die Mozzarellascheiben darauf legen (oder den Parmesankäse darüberstreuen).
4 Mit Sardellenfilets und Oliven belegen und mit Oregano und Pfeffer bestreuen.
5 Die Party-Pizzas auf ein Backblech legen und im Ofen 7 Minuten ausbacken.

Lachende Brötchen

Dazu braucht es:

Kleine Weißbrotscheiben
Butter
Salamischeiben
Lyonerwurstscheiben
Käsescheiben

Für die Brötchen-Gesichter:

Mayonnaise aus der Tube, gefüllte Oliven, Essiggurken, hartgekochte Eier, Tomatenschnitze, Schnittlauch, Petersilie, Gemüse, Früchte, Blüten...

5. TAG

Pasta-Festival

Ein buntes Angebot verschiedener Teigwaren (in Italien sagt man Pasta) gibt's in jedem Lebensmittelladen zu kaufen, z.B. Nudeln, Spaghetti, Makkaroni usw. Welche magst Du am liebsten?

Wichtig!!! Teigwaren müssen immer in viel Wasser gekocht werden.

Für 4 Personen brauchst Du 240-320g Teigwaren und 3 Liter Wasser.

1. Das Wasser muß sprudelnd kochen. Gib 1½ EL Salz und 1 EL Öl bei.

2. Streue die Teigwaren ins kochende Wasser und warte 2 Minuten.

3. Rühre dann mit einer Kelle durch, damit die Teigwaren nicht verkleben.

4. Laß das Wasser wieder aufkochen. Stell dann die Temperatur etwas zurück.

"AM BESTEN "AL DENTE" KOCHEN, DAS HEISST: MIT ETWAS BISS, ALSO NICHT ZU WEICH!"

5   Je nach Sorte benötigen Teigwaren eine Kochzeit von 5-15 Minuten. Nimm mit einer Schaumkelle ein paar Teigwaren heraus, spüle sie kurz unter dem kalten Wasser und koste, ob sie gar sind.

6   Gieß die Teigwaren durch ein großes Sieb, laß sie gut abtropfen und gib sie in die vorgewärmte Schüssel.

7   Zuletzt gibst Du frische Butterflöckchen darauf und am Tisch selbstgemachte Sauce und Reibkäse darüber.

Parmesan oder Sbrinz eignen sich am besten, weil diese Käse keine Fäden ziehen, wenn sie warm werden.

Sauce PomoDora

Tomatensauce für 4 Personen

1 EL	Öl
1	Zwiebel, fein gehackt
2	Knoblauchzehen, fein gehackt
1 TL	Petersilie,
1 Msp	Majoran,
½ TL	Basilikum, alles gehackt

500g	frische Tomaten, gewaschen und Stielansatz entfernt
½ TL	Salz
	Pfeffer aus der großen Mühle
2 EL	Tomatenpüree (Tomatenmark)

1. Ritzt oben in jede Tomate mit der Messerspitze ein Kreuz ein.

2. Füllt einen großen Topf mit Wasser und bringt es zum Kochen. Gebt die Tomaten hinein und laßt sie 1 Minute ziehen.

3. Gießt das heiße Wasser sofort ab und kühlt die Tomaten mit kaltem Wasser ab.

4. Zieht dann die Tomatenhaut mit einem Messer ab und schneidet die Tomaten in grobe Würfel.

5. Erhitzt das Öl in einer passenden Pfanne und dünstet darin die gehackten Zwiebeln.

6. Gebt jetzt den Knoblauch, die Tomaten, Kräuter, Salz und Pfeffer dazu, laßt alles aufkochen und dann 20 Minuten auf kleinem Feuer schmoren.

7. Gebt nun das Tomatenpüree dazu, rührt um und laßt die Sauce weitere 10 Minuten dämpfen. Wenn nötig, könnt Ihr noch etwas nachwürzen.

Die Fischer am Meer geben zuletzt noch frische Krabben oder Muscheln in die Sauce. Damit es so richtig nach Fischers Küche riecht, müßt Ihr 1 Knoblauchzehe mehr nehmen!

Sauce Schmatz-Schmatz

Fleischsauce für 4 Personen

2 EL	Öl
300g	gehacktes Rindfleisch
1	geschälte Karotte und wenig Sellerie, in kleine Würfel geschnitten
2	kleine gehackte Zwiebeln
2	gehackte Knoblauchzehen
	feingeschnittene Kräuter, z.B. Petersilie, Basilikum, Majoran, Oregano
1 EL	Mehl
4	geschälte Tomaten, in kleine Würfel geschnitten (Zubereitung, siehe "Sauce PomoDora", Schritte 1-4)
2 EL	Tomatenpüree (Tomatenmark)
5 dl	Bouillon
1	Lorbeerblatt
	Salz
	Pfeffer und Paprikapulver

1. Stellt eine große schwarze Bratpfanne auf die heiße Herdplatte, gebt das Öl hinein und erhitzt es.

2. Nehmt das Fleisch aus dem Papier, lockert es ein wenig, gebt es vorsichtig ins heiße Öl und laßt es anbraten. Zwischendurch wenden!

3. Dünstet Karotten, Sellerie, Zwiebeln, Knoblauch und Kräuter 10 Minuten lang mit und bestäubt dann alles mit Mehl.

4. Gebt die Tomaten dazu, rührt gut um und gebt dann alles in eine passende Chromstahlpfanne.

5. Jetzt kommen Tomatenpüree, Bouillon, Salz, Pfeffer, Paprika und das Lorbeerblatt dazu.

6. Laßt die Sauce auf kleinem Feuer 50 Minuten bis 1 Stunde köcheln.

Buon appetito!

5. TAG

Makkaroni-Auflauf

Für 4 Personen

400 g	gekochte Makkaroni
	etwas Butter zum Einfetten der Form
160 g	Schinkenscheiben, in grobe Streifen geschnitten
200 g	Champignons, gewaschen und in Scheiben geschnitten (oder gut abgetropft aus der Dose)
3	Tomaten, in Scheiben geschnitten
6 EL	Reibkäse (3 mal 2 EL für die Lagen)
3 dl	Milch
3	Eier
1/2 TL	Salz
	Pfeffer, geriebene Muskatnuß
1 TL	gehackte Petersilie
zuletzt	2 EL Reibkäse, Butterflocken

1. Zuerst den Backofen auf 200 Grad einschalten.

2. Eine flache Auflaufform gleichmäßig einfetten.

3. In die Form gebt Ihr der Reihe nach: 1/4 der Makkaroni, Schinkenstreifen, 2 EL Reibkäse, wieder 1/4 der Makkaroni, Champignons, 2 EL Reibkäse, nochmals 1/4 der Makkaroni, Tomatenscheiben, 2 EL Reibkäse und zuletzt die restlichen Makkaroni.

4. Mit einem Schneebesen verquirlt Ihr nun in einer Schüssel Milch, Eier, Salz, Pfeffer, Muskat und Petersilie und verteilt diese Masse über die Makkaroni.

5. Zum Schluß streut Ihr nochmals 2 EL Reibkäse darüber und belegt das Ganze mit einigen Butterflocken.

6. Wie viele Minuten der Auflauf in der unteren Ofenhälfte backen muß, erfährt Ihr, wenn Ihr Cocolinos Kochgeheimnis Nr. 2 erratet.

Cocolinos Koch-Geheimnis Nr. 2

Zähle die Makkaroni und trage die runde Zahl im gelben Kästchen ein.

OHNE TOPFHANDSCHUHE GIBT'S VERBRANNTE FINGER UND TRÄNEN ZUM MAKKARONI-AUFLAUF!

☐☐ Minuten muß der Makkaroni-Auflauf in der unteren Ofenhälfte backen.

REGENTAG

1 EL   Öl oder Butter
1   Zwiebel, fein gehackt
1 EL   Mehl
1 L   Bouillon oder Wasser
250 g   Kartoffeln, in feine Blättchen geschnitten
wenig   Salz und Pfeffer
3 EL   Sahne

feingehackter Majoran, Kerbel oder Petersilie (im Winter Kümmel)

2 Frankfurter oder Wiener Würstchen, in feine Scheiben geschnitten

Kartoffel-Wurst-Suppe
Für 4 Personen

1. Öl oder Butter in der Pfanne leicht erhitzen. Die Zwiebeln 1 Minute dünsten und mit Mehl bestäuben.

2. Bouillon oder Wasser dazugeben, gut aufrühren und aufkochen.

3. Die Kartoffeln hineingeben, Salz und Pfeffer beifügen und 20–30 Minuten kochen lassen.

4. Die Suppe abschmecken und mit Sahne verfeinern. Nun die Wurst dazugeben, dann die Kräuter einstreuen.

5. Die Suppe in heißen Tassen oder Tellern servieren.

VOR DEM SCHÖPFEN WIRD GUT GERÜHRT, DAMIT ALLE VON DER WURST KRIEGEN!

Bratapfel im Silbermantel

Eine Köstlichkeit, die schon Cocolinos Großmutter beim Geschichtenerzählen an den langen Winterabenden zubereitet hat.

1. Zuerst den Backofen auf 280 Grad vorheizen.

2. Pro Person 1 leicht säuerlichen Apfel, zum Beispiel Boskop, nehmen und die Schale mit der Messerspitze rundherum einritzen.

3. Aus Alufolie ein Quadrat zurechtschneiden, das doppelt so groß wie der Apfel sein sollte.

4. Apfel auf die Folie legen und die vier Ecken oben so zusammendrehen, daß keine Luft entweichen kann. Dem Apfel genug Platz lassen.

5. Apfel auf ein Backblech stellen und im Ofen etwa 12-15 Minuten ausbacken.

6. Achtung, heiß !!! Ziehe die Topfhandschuhe an! Apfel in der Folie auf den Teller legen. Etwas auskühlen lassen. Dann die Folie sorgfältig lösen. Duft tief einatmen. Mit Teelöffel essen.

7. TAG

Das tägliche Brot

Nach dem Mittagessen spaziert Cocolino mit seinen Freunden durch die nahegelegenen Weizen- und Roggenfelder, die der Wind wie samtige Wellen vor sich her treibt. Cocolino erzählt, wie der Müller aus Getreide Mehl und der Bäcker aus Mehl Brot macht.

"Wenn Du von Brot sprichst, machst Du oft ein ernstes Gesicht", sagt Dora. Cocolino nickt. "Meine Eltern verdienten nicht viel. Das Geld reichte meist nur knapp, um unsere große Familie ernähren zu können. Wir waren alle froh und dankbar, wenn es jeden Tag Brot gab, auch wenn es manchmal hart und trocken war. Deshalb ärgere ich mich, wenn ich Leute sehe, die mit Brot spielen oder es fortschmeißen."

Cocolino wischt sich mit der Pfote eine Mücke von der Nase: "Wenn ich an Brot denke, mache ich aber oft auch ein sehr glückliches Gesicht, vor allem, wenn ich den Backofen öffne... Cocomio!! Wie erfreuen sich Nase und Herz am köstlichen Duft frischer Brötchen!"

Cocolino tut so, als wiege er einen Korb mit ofenwarmem Gebäck in den Armen, und zieht mit geschlossenem Auge den Duft in seine Nase. Pomo, Dora und Picki-Nicki schnuppern jetzt auch, als stünden sie vor einer Bäckerei. Die vier Genießer im Kornfeld sehen so komisch aus, daß sie über sich selbst Tränen lachen müssen.

7. TAG

Brot und Brötchen

> DAS WASSER SOLLTE DIE GLEICHE TEMPERATUR HABEN WIE EUER KÖRPER, ALSO 37 GRAD. IN ZU HEISSEM WASSER STERBEN DIE HEFEPILZE AB!

Für 1 kg Brot braucht Ihr:

- 600 g Mehl (je 300 g dunkles und weißes)
- 2 gestrichene TL Salz
- 25 g Hefe
- 3½ dl lauwarmes Wasser

1. In eine große Schüssel gebe ich Mehl und Salz. Die Hefe zerbröckle ich in kleine Stücke und streue sie über das Mehl.

2. Ich gieße das Wasser dazu und verrühre alles mit der Hand, die ich natürlich vorher sauber gewaschen habe.

3. Sobald der Teig zusammenhält, stürze ich ihn aus der Schüssel auf den leicht mit Mehl bestreuten Tisch.

4 Knete den Teig mit Deinen Handballen tüchtig durch, bis er weich und elastisch ist. Das dauert etwa 10 Minuten.

5 Der Teig darf nicht mehr am Tisch kleben, sonst mußt Du noch etwas Mehl darüberstäuben und kurz weiterkneten.

6 Ich teile jetzt den Teig in 2 oder 4 gleiche Stücke. Dann folgt mein kleines Backgeheimnis: Je nach Lust und Laune gebe ich in den Teig eine kleine Handvoll Sonnenblumenkerne, Haferflocken, Kürbiskerne, gehackte Nüsse oder Pistazien, Sultaninen, Mohn, Kräuter oder Sesam...

...HERRLICH SIND AUCH KLEINE SPECK- ODER SCHINKENWÜRFEL MIT FEINGEHACKTEN UND GEDÜNSTETEN ZWIEBELN.

ACHTUNG: HEFE ERTRÄGT KEINEN DURCHZUG!!

7 Nun legt Ihr jeden Teigteil in eine warm ausgespülte, getrocknete Schüssel. Der Teig darf nicht naß werden. Deckt die Schüsseln mit...

8 ...einem Deckel oder Küchentuch zu. An einem warmen Ort (25-35 Grad) muß der Teig ruhen, bis er doppelt so groß geworden ist.

9 Heizt den Backofen auf 220 Grad vor. Nehmt den Teig aus der Schüssel und drückt ihn leicht zusammen. Formt daraus runde oder lange Brote.

10 Legt die Brote im Abstand von 5 cm auf das eingefettete Backblech und bestreicht sie mit Wasser.

11 Bestreut das Haferflockenbrot mit Haferflocken, das Sesambrot mit Sesam usw.

12 Schneidet die Brote mit der Messerspitze leicht ein. Die Einschnitte springen beim Backen auf und werden knusprig wie beim Bäcker.

13 Schiebt das Blech auf die zweitunterste Rille des Backofens. 4 Brote müssen etwa 30 Minuten backen, 2 Brote brauchen 35 Minuten. Macht Ihr 10 kleine Brötchen, sind diese schon in 20 Minuten fertig gebacken.

Beim Formen der Brote sind der Fantasie
keine Grenzen gesetzt.
Hier zeige ich Euch ein paar Beispiele als Anregung:

Brötchen im Tontopf

Füllt neue, gewaschene und gut getrocknete Blumentöpfe aus Ton zu 2/3 mit dem Teig. Die Backzeit beträgt 20-30 Minuten. Das fertige Brot löst Ihr mit einem Messer aus der Form.

"DU BIST WOHL NICHT GANZ GEBACKEN!"

"ICH WILL RAUS!"

8. TAG

Großes Morgen Buffet

"Steh' endlich auf, Du Schlafmütze! Steigt der herrliche Duft vom Morgenbuffet noch nicht in Deine Schnarchnase?" Pomo und Dora rufen Picki-Nicki vergeblich. Aber die Sonne mit ihren warmen Strahlen kitzelt den gähnenden Gelbschnabel schließlich doch noch aus dem tiefen Sonntagsschlaf.

Die Kinder und Cocolino haben den Tisch reich gedeckt. Da sind die selbstgebackenen Brötchen, Marmelade, Honig, verschiedene Flocken und Joghurt, Käse und Eier, Orangensaft und Milchdrinks.

Milch-Drinks,

machen müde Kleine groß und stark

Beerendrink für 2 Personen
- 200 g reife Beeren, z.B. Erdbeeren, Himbeeren, Brombeeren oder Heidelbeeren (Die Beeren können auch tiefgekühlt sein)
- 3 dl kalte Milch
- 3 Kugeln Vanilleeis

1. Mixe die Beeren mit der Milch im Mixer tüchtig durch.

2. Gib dann das Vanilleeis dazu und mixe nochmals kurz. Falls nötig, kannst Du 1 EL Zucker beifügen.

3. Fülle den Milch-Drink in 2 große Gläser und stecke in jedes einen Trinkhalm.

NIMM STATT BEEREN 3 EL OVOMALTINE, UND FERTIG IST DER SCHOKODRINK!

FÜR EINEN BANANENDRINK BRAUCHST DU STATT BEEREN 1½ BANANE.

9. TAG

Pick-Nick mit Picki-Nicki

Cocolino packt den Rucksack und singt ein fröhliches Wanderlied dazu. "Ich kenne einen wunderschönen Ort am Bach hinter den Hügeln. Nirgends schmeckt das Picknick so gut wie dort!"
Die Kinder hüpfen vor Freude, und Pomo sagt stolz: "Ich weiß, wie man ein Feuer macht!" Picki-Nicki kräht: "Heute fange ich sicher einen Fisch!" Cocolino lacht: "Aber fall nicht wieder ins Wasser, sonst muß ich Dich auswringen und zum Trocknen aufhängen!"

Kartoffel-Pantoffel

Für 4 Personen

700g	Kartoffeln, geschält und in 3-5 mm dicke Scheiben geschnitten	200g	Speckwürfel
1 EL	Öl	2	kleine Zwiebeln, in sehr dünne Scheiben geschnitten
200g	Käse, in Scheiben geschnitten	60g	Butter in kleinen Würfeln
	Salz	4	große, einmal gefaltete Stücke Alufolie
	Paprikapulver, Majoran		

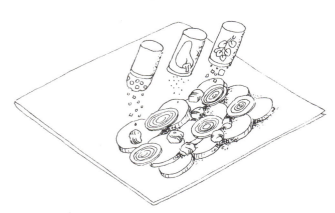

1 Bestreicht jede Alufolie mit Öl und belegt eine Hälfte der Folie mit den Kartoffelscheiben.

2 Würzt mit wenig Salz, Paprika und Majoran und streut die Speckwürfel und Zwiebeln darüber.

3 Als nächstes gebt Ihr die Käsescheiben und zuletzt die Butterwürfel darauf.

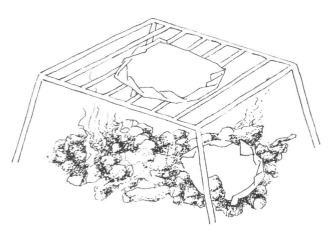

4 Nun schlagt Ihr die Folie darüber und macht Pakete daraus, indem Ihr die Ränder gut verschließt.

5 Die Käsekartoffeln werden während 50 Minuten auf dem Holzkohlengrill oder am Rand der Glut gegart.

6 Wendet die Pakete mehrmals. Vorsicht, damit sich die Folie nicht öffnet!

Schnitzelbrot

Für 4 Personen

4	Schnitzel zu 100g (geeignete Fleischstücke vom Schwein oder Kalb, Hühnerbrust oder Truthahnschnitzel) Salz, Pfeffer und Paprika	2 EL	Mehl
		1	Ei, mit 1 EL Milch verquirlt
		6 EL	Paniermehl (Semmelbrösel)
		4-5 EL	Öl oder Fett
		8	Scheiben Brot

Garnitur: Tomatenschnitze, Petersilie

1 Die Schnitzel gleichmäßig ausklopfen und mit Salz und Pfeffer würzen.

2 Nacheinander in Mehl, Ei und Paniermehl wenden. Dieses gut andrücken.

3 Öl oder Fett in einer großen Bratpfanne erhitzen und die Schnitzel bei mittlerer Hitze goldbraun braten.

4 Die Schnitzel aus der Pfanne nehmen, abtropfen und auskühlen lassen.

5 Das Fleisch zwischen zwei Brotscheiben legen und in Papier oder Folie einwickeln.

6 Vor dem Essen je 1 Tomatenschnitz und etwas Petersilie dazulegen.

Wurst-Gemüse-Spieße

Für 4 Personen

- 4 geschälte Cervelats (Knackwürste)
- 1-2 kleine Zucchini
- 2 Peperoni (Paprika), halbiert und entkernt
- Salz und Pfeffer

1. Die Würste in je 6, die Zucchini in 20 Scheiben schneiden. Aus den Peperoni 20 Würfel machen.

2. Als Spieß eignet sich ein Haselnußzweig am besten. Abwechslungsweise eine Wurstscheibe, ein Zucchinirädchen und einen Paprikawürfel auf einen Spieß stecken, bis alle 6 Wurststücke aufgebraucht sind.

3. Die Spieße leicht mit Salz und Pfeffer würzen, dann etwa 15 Minuten über der Glut grillen. Spieße oft drehen!

Früchte-Spieße

Für 4 Personen

- 750g Früchte, z.B. geviertelte Pfirsiche, halbe Aprikosen, 2½ cm lange Bananenstücke, Apfel- oder Birnenstücke; auch entsteinte Pflaumen und Kirschen sind geeignet
- 1 Zitrone
- 60g Zucker

1. Die Früchte abwechslungsweise auf 4 Spieße stecken.

2. Mit Zitronensaft beträufeln.

3. Die Spieße bei mittlerer Hitze über der Glut braten. Häufig wenden. Zucker darüberstreuen und karamelisieren lassen. Mmh!

WIEDER KEINEN FISCH GEFANGEN...

ZUM GLÜCK GIBT'S FEINE SPIEßE!

Besuch vom Bürgermeister

Cocolino streicht sich mit der Pfote über seine langen Barthaare und sagt zu seinen jungen Ferienköchen:
"Morgen wird der Bürgermeister Cäsar Knödelmeier mit seiner Gemahlin bei uns zu Gast sein. Er ist ein sehr beliebter Politiker oder eher ein beleibter Polidicker, wie die Leute hier zum Scherz sagen. Man sieht es ihm tatsächlich an, daß er gern und viel ißt. Vor allem mit süßen Köstlichkeiten kann man ihn begeistern. Seine Lieblingsdesserts kenne ich schon, aber ich will ihn auch mit neuen Ideen überraschen.
Für morgen wollen wir vier süße Delikatessen zaubern, die Herrn und Frau Bürgermeister zum Schnurren bringen werden.... und für Euch Schleckmäuler bleiben sicher einige Bissen übrig!"

10. TAG

Beeren-Auflauf
Für 4 Personen

Anstelle von Brombeeren, Himbeeren und Heidelbeeren könnt Ihr auch entsteinte Kirschen, Reineclauden, Aprikosen oder Zwetschgen verwenden.

100g	Mehl	3	Eigelb	400g	Beeren <u>oder</u>
1M	Salz	1	ganzes Ei	500g	Früchte (in kleine Spalten geschnitten)
60g	Zucker	50g	weiche Butter		
1dl	Sahne	2dl	Milch		Puderzucker

1 Schaltet den Backofen auf 180 Grad ein und schiebt den Gitterrost in die Mitte.

2 Gebt in eine Schüssel Mehl, Salz und Zucker und vermischt alles.

3 Verquirlt in einer zweiten Schüssel Sahne, Eigelb und das ganze Ei.

4 Leert die Eiermasse in das Mehlgemisch. Rührt so lange, bis keine Knollen mehr zu sehen sind.

5 Nehmt jetzt die weiche Butter und die Milch und rührt beides gut unter den Teig.

6 Streicht eine Backform von mind. 1L Inhalt mit Butter aus und füllt sie zu 3/4 mit dem Teig.

7 Verteilt die Beeren gleichmäßig auf dem Teig. Dabei sinken sie ein wenig ein.

8 Schiebt die Form in den Ofen und laßt den Auflauf etwa 50 Minuten backen.

9 Zieht unbedingt Topfhandschuhe an, wenn Ihr den Auflauf aus dem Ofen holt, und legt unter die heiße Form einen Lappen, damit sie nicht wegrutscht.

Puderzucker

Cocolino serviert den Auflauf meistens heiß, er schmeckt aber auch lauwarm oder kalt wunderbar.

Schokoladekuchen

150 g	weiche Butter (1 Stunde vorher aus dem Kühlschrank nehmen)
250 g	Zucker
6	Eigelb
150 g	dunkle Kochschokolade, fein gerieben
100 g	Schokoladepulver
100 g	Mehl
½ TL	Backpulver
6	Eiweiß
	Butter und Mehl für die Form
50 g	Kochschokolade, in Späne gehobelt
	Puderzucker zum Bestreuen

DAZU BRAUCHT'S EINE SPRINGFORM VON 24 CM DURCHMESSER!

1. Zucker und Butter vermischen und etwa 10 Minuten mit dem Schneebesen schaumig schlagen.

2. Unter stetem Rühren nach und nach Eigelb und fein geriebene Schokolade beigeben.

3. Mehl, Schokoladepulver und Backpulver gut vermischen und langsam unter die Masse mischen.

4. In der Zwischenzeit den Backofen auf 200 Grad einstellen und in einer sauberen, trockenen Schüssel das Eiweiß steif schlagen. Mit einem Kochlöffel oder Gummispatel den Eischnee unter die Masse heben.
   Nicht rühren, sonst fällt das Eiweiß zusammen!

5. Die Springform mit Butter gut ausstreichen und mit Mehl bestäuben.
   Die Schokolademasse in die Form einfüllen.

6. Den Kuchen auf der zweituntersten Rille des Backofens 50 Minuten backen.

7. Den fertigen Kuchen aus dem Ofen nehmen, mit einem spitzen Messer am Rand lösen und verkehrt auf ein Kuchengitter stürzen. Auskühlen lassen.

8. Die Oberfläche mit Schokoladespänen (Schokolade mit der Messerklinge direkt auf den abgekühlten Kuchen schaben) und mit Puderzucker bestreuen.

Schokolade-Knusperini

100g	weiche Butter	40 g	Puderzucker
100g	helle Toblerone	100g	Cornflakes
100g	dunkle Schokolade		

1. Auf einem Küchenbrett die Schokolade mit einem Messer zerkleinern und in eine Schüssel geben. Im heißen Wasserbad mit der Butter schmelzen.

2. Puderzucker dazusieben und rühren, Cornflakes unterheben, Schüssel aus dem Wasserbad nehmen.

3. Mit zwei Teelöffeln kleine Häufchen formen und auf ein Backtrennpapier setzen. Abkühlen lassen und genießen.

Knödelmeiers Favoriti

- 3 Eiweiß
- 150 g Honig
- 100 g gemahlene Mandeln
- 60 g Grieß
- 1/2 Zitronenschale, fein abgerieben
- 1/2 Orangenschale, fein abgerieben

Schaltet den Backofen auf 170 Grad ein.

1 Schlagt das Eiweiß in einer Schüssel steif.

2 Mischt alle anderen Zutaten langsam unter den Eischnee.

3 Legt ein Backblech mit Backpergament aus. Stecht mit einem Teelöffel vom recht flüssigen Teig kleine Häufchen ab und setzt sie auf das Blech. (5 cm Abstand!)

4 Schiebt das Blech in die zweitunterste Rille des Ofens und backt die Plätzchen 12-14 Minuten.

5 Zieht das Blech mit Topfhandschuhen heraus, nehmt die Plätzchen noch warm weg und laßt sie abkühlen und trocknen.

12. TAG

Der süße Eisberg 👨‍🍳👨‍🍳👨‍🍳

Sahne-Halbgefrorenes für 4-6 Personen

DAS IST FÜR DEN ABSCHIEDSABEND VON ÜBERMORGEN!

5 EL	Zucker	2½ dl	Sahne
1	Vanillestange	2	Eiweiß
2	Eigelb	1 EL	Zucker

Zuerst stellt Ihr die Portionenförmchen oder eine Cakeform in den Tiefkühler, dann könnt Ihr mit der Arbeit beginnen.

1 Rührt das Eigelb und 5 EL Zucker, bis die Masse hell und kremig ist.

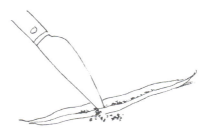

2 Schabt mit dem Messerrücken das Mark aus der aufgeschnittenen Vanillestange.

3 Gebt das Vanillemark zur Eigelb-Zucker-Mischung.

4 Schlagt die Sahne steif und mischt sie unter die Eimasse.

5 Schlagt das Eiweiß steif, gebt 1 EL Zucker dazu und schlagt noch etwas weiter.

6 Mischt den Eischnee mit dem Gummispatel unter die Sahnemasse.

 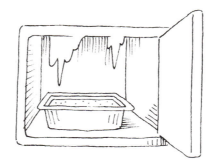 

7 Füllt jetzt die fertige Masse in die vorgekühlten Formen...

8 ...und laßt sie mindestens 6 Stunden (oder über Nacht) im Tiefkühler gefrieren.

9 Vor dem Servieren spült Ihr die Formen kurz mit kaltem Wasser ab und stürzt sie sofort auf Teller oder Platten.

DA WAR DOCH NOCH DAS GANZ ABSCHEULICHE REZEPT MIT DER SCHOKOLADE...

MEINST DU "SCHOKI-ROCKY"? DAS HAT WIRKLICH KEIN KIND GERN! WENN IHR UNBEDINGT VERSUCHEN WOLLT, MÜSST IHR GLEICH VORGEHEN WIE BEIM "SÜSSEN EISBERG". VOR DEM GEFRIEREN GEBT IHR 70 GRAMM DUNKLE, GROBGEHOBELTE SCHOKOLADE UNTER DIE MASSE.

Dekoriert diese süßkalten Desserts mit Nüssen, Früchten, Beeren, geschlagener Sahne, Marzipanherzchen usw.

Beeren-Eis
Für 4 Personen

1 dl	Wasser + 100g Zucker = Zuckersirup
1 EL	Zitronensaft
500g	vollreife Beeren, geputzt (Erdbeeren, Heidelbeeren, Johannisbeeren, Himbeeren oder Brombeeren)
2 EL	Puderzucker

2 Gebt die Beeren mit dem Sirup in den Mixer und mixt sie kurz zu einem Püree.

1 Kocht Wasser und Zucker in einer kleinen Pfanne auf. Reduziert die Hitze, laßt den Zuckersirup 2 Minuten weiterköcheln und dann auskühlen. Nun könnt Ihr den Zitronensaft dazu geben.

3 Streicht die Beerenmasse durch ein feines Sieb, so daß die Kerne zurückbleiben.

4 Zieht den Puderzucker unter das Beerenmark.

GEFRIEREN

Am einfachsten ist das Gefrieren, wenn Ihr zu Hause eine Eismaschine habt. Falls Ihr keinen solchen Apparat besitzt, sagt Euch Cocolino, was zu tun ist:

Stellt ungefähr ½ Stunde, bevor Ihr mit der Arbeit beginnt, eine weite Chromstahl- oder Porzellanschüssel in den Tiefkühler und füllt später die fertige Masse ein.

Nach 1 Stunde rührt Ihr sie mit dem Schneebesen gut durch und stellt die Schüssel wieder in den Tiefkühler. Das wiederholt Ihre jede weitere Stunde, bis ein gleichmäßig gefrorenes Eis entsteht.
Der gesamte Gefriervorgang dauert 3–4 Stunden.
Das fertige Eis serviert Ihr in vorgekühlten Gläsern oder Tellern und garniert es mit frischen Beeren.

Kirschen-Eis:
Dazu braucht Ihr 400 g entsteinte Kirschen.

Birnen- oder Apfel-Eis:
Nehmt 450 g vollreife Williamsbirnen oder Gravensteiner Äpfel, die Ihr in Zuckersirup weich kocht.

Für Aprikosen- oder Pfirsich-Eis benötigt Ihr 400 g entsteinte Aprikosen oder Pfirsiche.

VERSUCHT ES AUCH MAL MIT FRÜCHTE-EIS. DIE HERSTELLUNG IST GLEICH WIE FÜR BEEREN-EIS.

13. TAG

Pomo und Dora wollen ihren Eltern als Ferienandenken selbstgemachte Aprikosen-Konfitüre und Bonbons mitbringen.

Karamel-Bonbons

2 1/2 dl Sahne 300 g Zucker
1 dl Milch 1-2 EL Wasser

COCOMIO!!!! NICHT SOOOO!

1. Nehmt eine breite Pfanne und leert Sahne, Milch und Zucker hinein.

2. Stell die Pfanne auf die warme Herdplatte.

3. Dreh den Stiel weg vom Körper. Die Pfanne könnte samt dem heißen Inhalt auf Deine Füße fallen.

4. Rühr 25-30 Minuten, bis die Masse dicklich und braun wird.

5. Gib am Schluß noch das Wasser dazu.

6. In der Zwischenzeit hat Pomo ein Backblech gut eingefettet.

7 Streicht die Karamelmasse jetzt ungefähr 1 Zentimeter dick aufs Blech.

8 Laßt die Masse etwas auskühlen. Sie darf aber nicht kalt werden.

9 Jetzt schneidet Ihr daraus viele 2 Zentimeter große Quadrate.

13. TAG

Aprikosenkonfitüre mit Melisse

1 kg	vollreife Aprikosen
1 kg	Gelierzucker
12	gehackte Zitronenmelisse-Blätter
1	gewaschene und gut abgetrocknete Zitrone. Davon braucht Ihr nur die fein abgeriebene Schale.

1 Schneidet die entsteinten Aprikosen in Achtel und gebt sie in einen Topf.

2 Mischt den Zucker darunter und laßt den Topf zugedeckt 2–3 Stunden stehen.

3 Laßt die Masse unter Rühren aufkochen und 4 Minuten sprudelnd weiterkochen. Entfernt den weißen Schaum.

4 Gebt jetzt die Melissenblätter und die Zitronenschale dazu, rührt das Ganze um und nehmt den Topf von der Herdplatte.

5 Füllt die Konfitüre heiß in heiß ausgespülte, trockene Gläser und verschließt sie sofort. Achtung: Verbrennt Euch nicht !!!

6 Laßt die Gläser auskühlen und klebt Etiketten mit Inhalt und Datum darauf.

Cocolinos Koch-Geheimnis Nr. 3

Aus welchen Früchten macht Cocolino Konfitüre?

SUCHE DIE 10 BUCHSTABEN, DIE DOPPELT IM TOPF HERUMSCHWIMMEN, UND SETZE SIE IN DER RICHTIGEN REIHENFOLGE ZUSAMMEN. HAST DU DIE LÖSUNG SCHON ERRATEN?

Der Abschieds-Abend

Pomo und Dora freuen sich schon seit Tagen auf das große Ferienabschluß-Festmenü. Cocolino zeigt ihnen, wie man den Tisch schön und richtig deckt und wie man Servietten interessant faltet, zum Beispiel so:

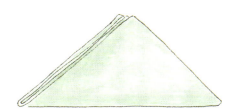  

"Für den Festschmaus mit vier Gängen solltet Ihr einen gigantischen Hunger haben. Ihr könnt schon mal in den Garten gehen, um Beeren zu pflücken, damit wir unsere Eis-Desserts dekorieren können. Und vergeßt nicht, einen schönen Kopfsalat mitzubringen!" Cocolino kritzelt noch etwas auf seinen Einkaufszettel. "Ich fahre zum Markt, wo es heute frischen Fisch gibt."
"Wetten, daß ich schneller bin als Dein toller Roller!" ruft Pomo und rennt aus Leibeskräften neben dem davonbrausenden Cocolino her. "Ich möchte nämlich Hunger haben heute abend!"

Sommer-Salat

Für 4 Personen

1   großer, schöner Kopfsalat
½ Honigmelone
    Blüten nach Wahl

Borretschblüte

Joghurt-Salatsauce:
6 EL   Joghurt
2 EL   Zitronensaft
1 Prise Zucker
wenig   Salz

Goldmelisse   Kornblume   Gänseblümchen

1 Entfernt die äußeren Blätter des Kopfsalats und schneidet mit einem großen Messer den Salat mit dem Strunk nach unten in 4 Teile.

2 Wascht die Salatviertel sorgfältig mit der Brause und schüttelt sie einzeln gut aus.

3 Halbiert jetzt die Salatviertel nochmals und schneidet den Strunk weg. Dann könnt Ihr bereits je 2 Stücke Salat auf einem passenden Teller anrichten.

4 Entkernt die Melonenhälfte mit einem Löffel und schneidet sie in 4 gleich große Teile. Schält die Schale dünn ab. Legt je 1 Melonenschnitz zu dem Salat auf den Teller.

5 Verrührt alle Zutaten für die Salatsauce in einer Schüssel und verteilt die Sauce über den Salat.

6 Streut nun die Blüten Eurer Wahl darüber..... schon kann der Sommer-Salat serviert werden.

Dorschfilets "Kräuterhexe"

Für 4 Personen

Vorspeise	Hauptspeise			
400 g	600 g	Dorschfilets (auch Forellen- oder Lachsfilets eignen sich)	2 EL	gehackte Kräuter, z.B. Petersilie, Basilikum, Estragon, Schnittlauch, wenig Thymian und Salbei
2	2	ausgepreßte Zitronen		
400 g	600 g	Zucchini (im Winter Lauch)	4	Stück Alufolie 30 x 25 cm
		Salz und Pfeffer		Beilage: Salzkartoffeln
1	2	Knoblauchzehen, gehackt		

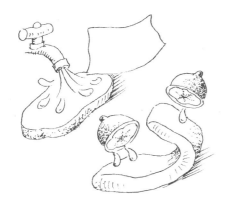

1. Spült die Fischfilets ab, tupft sie mit Küchenpapier trocken und beträufelt sie beidseitig mit Zitronensaft.

2. Schichtet die Filets auf einem Teller übereinander und laßt den Zitronensaft 20 Minuten einwirken.

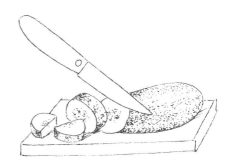

3. Halbiert in der Zwischenzeit die gewaschenen Zucchini der Länge nach und schneidet sie in 1/2 cm breite Scheiben.

4. Gebt die Zucchini-Scheiben in eine Schüssel und würzt sie mit Salz, Pfeffer und Knoblauch. Streut die Kräuter dazu und mischt alles gut untereinander. Heizt den Ofen auf 220 Grad vor.

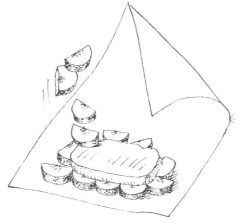

5. Verteilt die Hälfte der Zucchinischeiben auf die eine Hälfte der 4 Folien, legt die Fischfilets darauf und bedeckt sie mit den restlichen Zucchinischeiben.

6. Klappt die nicht belegte Hälfte der Folie darüber und verschließt die Ränder gut. Legt die "Kräuterhexen" vorsichtig auf ein Kuchenblech und laßt sie im Ofen 22-25 Minuten garen.

Risotto mit Wurst und Pilzen

Für 4 Personen

1 EL	Butter	300 g	Deiner Lieblingswurst, in Stücke geschnitten
1	kleine Zwiebel	100 g	Champignons oder Pfifferlinge, geputzt und in Viertel geschnitten
250 g	Risotto-Reis		
1 L	Hühnerbouillon	100 g	geriebener Parmesankäse

1 Schält die Zwiebel und schneidet sie ganz klein. Zwiebeltränen fließen nicht, wenn Ihr "Nix wie Tricks" lest!

2 Erhitzt in einer Pfanne die Hühnerbouillon und haltet sie auf kleiner Flamme warm.

3 Schmelzt in einer zweiten Pfanne die Butter und dünstet die Zwiebeln darin 1-2 Minuten. Gebt den Reis dazu, rührt 3-4mal um und leert 5 dl Bouillon dazu.

4 Deckt den Topf zu und stellt die Hitze etwas zurück. Jetzt braucht Ihr 15-20 Minuten Geduld. Am besten bleibt Ihr am Herd, während der Reis die Bouillon aufzieht. Gießt immer wieder 1 Suppenkelle Bouillon dazu und rührt den Reis um.

5 Mit der letzten Kelle Bouillon kommen die Wurst und die Pilze dazu.

6 Zieht die Pfanne vom Herd und rührt den geriebenen Käse unter den Reis.

7 Schöpft den Risotto in eine vorgewärmte Schüssel oder direkt auf die Teller. Prima!

Nix wie Tricks!

"Ich kann's nicht glauben!" Pomo lädt stirnerunzelnd seinen Rucksack auf. "Die 14 Tage bei Cocolino sind so schnell vorbeigegangen. Ich habe das Gefühl, wir seien gerade erst angekommen." Cocolino schmunzelt. "Das ist ein untrügliches Zeichen dafür, daß Ihr Ferien nötig habt. Zu Hause könnt Ihr Euch von der schweren Arbeit in meiner Küche erholen." Dora ist ganz anderer Meinung. "Ich bin nicht müde. Es hat doch alles nur Spaß gemacht. Daheim möchte ich den Eltern zeigen, was wir gelernt haben, und ein paar Freunde zum Essen einladen."
"So ist's recht!" sagt Cocolino. "Ich gebe Euch noch einige gute Tips mit auf den Weg, dann kann fast nichts schiefgehen."

Wenn etwas anbrennt

Nur nicht rühren, wenn Ihr merkt, daß etwas angebrannt ist!
Gebt sofort alles, was nicht am Pfannenboden festsitzt, in eine neue Pfanne, natürlich nur, wenn nicht der ganze Inhalt verbrannt riecht. Weicht die angebrannte Pfanne mit kaltem Wasser ein.

Wenn Früchte sich nach dem Schälen verfärben

Reibt die Früchte nach dem Schälen mit einer halbierten Zitrone ein, legt sie in eine Schüssel und deckt sie zu. So behalten sie ihre frische Farbe.

Schnittlauch

könnt Ihr mit der Küchenschere schneiden.

Wie schält man Tomaten, Pfirsiche oder Aprikosen?

Indem man sie kurz in siedendes und danach in kaltes Wasser taucht.
Jetzt kann man die Haut mit einem Messer abziehen.

Zwiebelschneiden ohne Tränen

Zwiebeln müssen mit einem scharfen Messer geschnitten werden.
Macht das Brett und die Zwiebeln naß. Wenn Ihr ein Stück Brot in den Mund nehmt und durch den Mund einatmet, gibt's keine Tränen.

Wenn der Schraubdeckel klemmt

Haltet den Deckel kurz unter heißes Wasser, dann läßt er sich leicht öffnen.

Wenn die Schüssel beim Rühren wegrutscht

Kein Problem: Legt einfach ein feuchtes Tuch unter die Schüssel.

Der Teig klebt beim Ausrollen

Wenn Ihr den Teig zwischen Pergamentpapier oder Plastikfolie ausrollt, braucht es kein Mehl, und der Teig klebt nicht.

Wie man den Teig in eine Kuchenform auslegt

Ein einfacher Trick: Ihr könnt den ausgerollten Teig aufs Nudelholz aufrollen und dann über das Küchenblech abrollen.

Sahne steif schlagen

Sahne wird nur schön steif, wenn sie kalt ist. Sie sollte direkt aus dem Kühlschrank kommen. Wenn Ihr den Mixer verwendet, solltet Ihr auf der kleinsten Stufe beginnen, damit es nicht spritzt.

O Pfannenstiel!

Pfannen und Töpfe sollten so auf der Herdplatte stehen, daß die Stiele nicht gegen Euch gerichtet sind. Ihr könntet beim Arbeiten daran hängen bleiben und Euch mit dem heißen Inhalt verbrennen.

Verbrannte Finger

Haltet den Finger sofort unter eiskaltes Wasser, damit die Blase nicht zu groß wird. Anschließend gebt Ihr etwas Brandsalbe auf die Wunde und verbindet sie. Bei stärkeren Verbrennungen müßt Ihr zum Arzt gehen.

Das liebe Aufräumen

gehört zum Kochen. Wartet damit nicht bis zum Schluß und räumt immer wieder etwas ab. So entsteht kein Geschirr- und Abfallberg. In einer aufgeräumten Küche habt Ihr mehr Übersicht, macht weniger Fehler und habt mehr Spaß am Kochen!

Die Rezepte

1. Tag
Ferien-Müsli

2. Tag
Spiegelei Pomo
Doras Rührei-ei-ei
Omelette

3. Tag
Apfelsaft
Eistee
Früchte- oder Beerenbowle
mit Blüteneis

4. Tag
Cocolinos Club-Sandwich
Party-Pizza "O Sole Mio"
Lachende Brötchen

5. Tag
Teigwaren
Sauce PomoDora
Sauce Schmatz-Schmatz
Makkaroni-Auflauf

Regentag
Kartoffel-Wurst-Suppe
Bratapfel im Silbermantel

7. Tag
Brot und Brötchen

8. Tag
Milch-Drinks

9. Tag
Kartoffel-Pantoffel
Schnitzelbrot
Wurst-Gemüse-Spieße
Früchte-Spieße

10. Tag
Beeren-Auflauf
Schokoladekuchen

11. Tag
Schokolade-Knusperini
Knödelmeiers Favoriti

12. Tag
Der süße Eisberg
Beeren-Eis

13. Tag
Karamel-Bonbons
Aprikosenkonfitüre
mit Melisse

14. Tag
Sommer-Salat
Dorschfilets "Kräuterhexe"
Risotto mit Wurst
und Pilzen

Die Autoren

Wie soll man Kindern, deren Eßgewohnheiten zunehmend von hastig verschlungenem Fastfood geprägt sind, die Freude am Kochen und Genießen vermitteln? grübelten Oski & Oski und beschlossen kurzerhand, sich für ein gemeinsames Buchprojekt zusammenzutun. Sie erfanden Cocolino, den Meisterkoch, seine beiden Gehilfen Pomo und Dora und den vorwitzigen Spaßvogel Picki-Nicki. Dann dachten sie sich die passende Geschichte aus. Nach diesem gemeinsamen Auftakt wurden die Aufgaben verteilt.

Oskar Marti, der Kochkünstler

verschwand in seiner Küche, stellte die Rezepte für dieses Buch zusammen und schrieb sie auf. Das lenkte ihn etwas ab von seinem Hauptberuf als Chef seines Feinschmeckerrestaurants "Moospinte" in Münchenbuchsee bei Bern. Seit jeher der natürlichen, saisongerechten Küche verpflichtet, kann er hier seine Kochphilosophie, die Kombination von Wildpflanzen und klassischer Küche, erfolgreich verwirklichen. Ebenso erfolgreich ist er als Kochbuchautor.

Oskar Weiss, der Bildererfinder

setzte sich an seinen Zeichentisch und gestaltete mit Pinsel und Stift, vor allem aber mit viel Humor, Figur um Figur und Buchstabe um Buchstabe, die Bilder und den Text zu "Kochen mit Cocolino". Der Zeichentisch steht übrigens in Muri bei Bern, wo Oskar Weiss als vielseitiger freischaffender Künstler tätig ist. Sein Spektrum reicht von der freien Malerei und Grafik (seine Werke sind in Museen und Galerien zu sehen) über Arbeiten für Buchverlage und die Presse bis hin zu Wandmalereien.